뉴 YCT

뉴 어린이 중국어능력시험 ①

황후남, 신규하, 이경자, 양난난 編著

1945
문예림

황후남

* 중국 흑룡강성에서 태어나 중국에서 대학공부를 마치고
  1995년에 국내 입국하여 줄곧 중국어를 가르쳐 왔음
* 중국 요녕성 심양사범대학 졸업
* 한국외국어대학교 교육대학원 중국어교육학 석사
* 한국외국어대학교 일반대학원 중어중문학 박사
* 2002년 경기도 남양주시 국제교류유공상 수상
* 2008년 지도교사상 수상 (한국YCT운영위원회 주최)
* 분당 초등학교 방과후 학교 및 특기적성 중국어 강사 활동 중
* 저서로는 〈한방에 끝내는 중국어와 한자 첫걸음〉
            〈두 방에 끝내는 중국어와 한자 첫걸음〉
            〈그림으로 배우는 중국어 필수 단어 567구〉
            〈노래로 배우는 중국어〉〈동화로 배우는 중국어〉 등

신규하

* 한양대학교 중어중문학과 졸업
* 한국외국어대학교 교육대학원 중국어교육 석사
* 산업연구원(KIBT) 국제산업협력실 중국팀 연구원
* 저서로는 〈동요와 회화로 배우는 중국어〉 등

이경자

* 한국외국어대학교 교육대학원 중국어교육과 (교육학 석사)
* 중국 대련외국어대학교 중어중문학과 (문학사)
* 분당 초등학교 방과후 학교 및 특기적성 중국어 강사 활동
* 저서로는 〈세종대왕의 중국어 첫걸음〉〈동요와 회화로 배우는 중국어〉 등

양난난

* 중국 흑룡강성 하얼빈시 출생
* 중국 현지 유치원 교사
* 저서로는 〈동요와 회화로 배우는 중국어〉

YCT 1급
뉴 어린이 중국어 능력 시험

초판 4쇄 인쇄 2024년 2월 8일
초판 4쇄 발행 2024년 2월 15일

지은이 황후남, 신규하, 이경자, 양난난
펴낸이 서덕일
펴낸곳 도서출판 문예림

출판등록 1962.7.12 (제406-1962-1호)
주소 경기도 파주시 회동길 366 3층 (10881)
전화 02)499-1281~2 **팩스** 02)499-1283
대표전자우편 info@moonyelim.com **통합홈페이지** www.moonyelim.com
카카오톡 "도서출판 문예림" 검색 후 추가 상담 가능합니다.

ISBN 978-89-7482-551-5 (13720)

머리말

『한 권에 끝내는 뉴 YCT』시리즈는 중국어를 배우고 있는 어린이들이 중국어를 학습하고 복습하고 평가할 수 있는 종합적인 책입니다. 이 책은 아래와 같은 부분에 주력하였습니다.

첫째, 각 급수에서 요구되는 기본적인 어휘를 전부 실었는데, 학생들의 이해력과 기억력 향상을 위해 모두 수준에 알맞은 예문을 들었습니다.
둘째, 각 급수에서 요구되는 문법을 예문을 통해 골고루 다루었습니다.
셋째, 각 급수에서 요구되는 언어기능을 예문을 통해 골고루 다루었습니다.
넷째, 모의고사를 3회 수록하였는데, 학생들의 총 복습에 도움이 되고자 급수에 필요한 어휘, 문법, 언어기능을 고루고루 다루었습니다.

제2언어를 배움에 있어서 가장 좋은 방법은 현지에서 생활하면서 자연스럽게 습득하는 것이지만, 그렇지 못할 경우에는 우수한 자질의 교사와 좋은 교재가 필요합니다. 특히 훌륭한 교재의 선택은 소기의 교육목적을 달성할 수 있는 우수한 자질을 갖춘 교사를 만나는 것 못지않게 중요합니다.

필자는 한국에서 초등학생 대상으로 중국어를 가르친 지 15년이 넘었습니다. YCT시험에 2회부터 최근의 10회까지 매회 평균 25명 정도로 총 300명 정도의 학생들을 응시시켰는데 불합격자는 7명이고, 3명이 최우수상을 받았고, 10명이 우수상과 장려상을 받은 바 있습니다. 이러한 경험을 토대로 또한 여러 선생님들의 도움을 받아서 이 책을 펴내게 되었습니다.

뉴YCT 1급, 2급, 3급, 4급 大纲은 문법, 어휘, 언어표현 등을 실용성과 난이도를 과학적으로 분석하여 체계적이고 점진적으로 설계되어 있습니다. 이 책은 大纲의 지침서를 따라 설계되었기에 별도의 보조교재 없이 지도하여도 어린이들의 중국어 실력이 얼마나 높아졌는가를 확인 할 수 있으리라 믿습니다.

- 황 후 남

Contents

뉴 어린이 중국어능력시험(YCT) 소개

2004년부터 중국국가한판조직 중외한어의 교육자, 언어학자, 심리학자 및 교육통계학자 등 다방면의 전문가들이 제 1언어가 중국어가 아닌 15세 이하의 학습자의 중국어 학습에 도움이 되고, 중국어 능력을 향상시키기 위해 한 자리에 모였다. 이들은 해외 초 · 중 · 고등학생들의 중국어 교육 상황에 대한 충분한 검토 및 조사 결과를 토대로 뉴 YCT를 개발하였다. 뉴 YCT는 중국어학습자를 위해 전문적으로 설계되었으며, 어린이 중국어 학습자가 중국어를 기반으로 세계 무대에서 활약할 것을 기대한다.

1. 시험 구성

뉴 YCT는 국제중국어능력표준화 시험의 일종으로 제 1언어가 중국어가 아닌 15세 이하 어린이들의 일상생활과 학습에 필요한 중국어 능력을 측정하는 시험이다. 뉴 YCT는 필기와 구술 두 부분으로 나뉘며, 필기와 구술시험은 시로 독립적이다. 필기 시험은 YCT(1급), YCT(2급), YCT(3급) 및 YCT(4급)으로 구성되며, 구술 시험은 YCT(초급)과 YCT(중급)으로 나뉜다.

필기 시험	구술 시험
YCT (4급)	YCT (중급)
YCT (3급)	
YCT (2급)	YCT (초급)
YCT (1급)	

2. 시험 등급

뉴 YCT의 각 등급과 〈국제중국어능력기준〉, 〈유럽언어공통참고규격(CEF)〉의 대응관계는 다음의 표와 같다.

신 HSK	뉴 YCT	어휘량	국제중국어능력기준	유럽언어공통참고규격 (CEF)
HSK(6급)		5000 이상	5급	C2
HSK(5급)		2500		C1
HSK(4급)		1200	4급	B2
HSK(3급)	YCT (4급)	600	3급	B1
HSK(2급)	YCT (3급)	300	2급	A2
HSK(1급)	YCT (2급)	150	1급	A1
	YCT (1급)	80		

YCT(1급)를 취득한 응시생은 가장 자주 사용되는 중국어 단어 및 문장을 이해하거나 사용할 수 있으며, 한 단계 더 높은 중국어를 배울 수 있는 능력을 가지게 된다.

YCT(2급)를 취득한 응시생은 매우 간단한 중국어 단어 및 문장을 이해하거나 중국어를 사용하여 비교적 익숙한 일상화제에 대하여 간단하게 직접 의사소통 할 수 있다.

YCT(3급)를 취득한 응시생은 일상생활에서 자주 쓰이는 화제를 중국어로 간단히 혹은 직접적으로 대화가 가능하며, 우수한 초급 중국어 능력을 구비한다.

YCT(4급)를 취득한 응시생은 중국어로 기본적인 의사소통이 가능하며, 중국 여행 시 대부분의 의사소통을 진행할 수 있다.

3. 시험 원칙

뉴 YCT는 응시생의 중국어 학습에 대한 자신감과 영예감 획득을 목표로 삼아, '시험과 교육을 연계한다'의 원칙을 준수한다. 또한 시험설계와 현재 국제 어린이들의 중국어 교육 현황 및 사용교재를 긴밀히 결합하여, '시험으로 교육을 촉진시키고, 시험으로 학습을 촉진시킨다'의 목적을 달성시킨다. 뉴 YCT시험 요점을 참고하여 어린이 중국어 교재를 개발할 것이며, 시험과 교육을 더욱 더 긴밀히 연계할 것이다.

4. 시험 용도

뉴 YCT는 제1언어가 모국어가 아닌 15세 이하의 중국어 학습자를 위해, 성적은 다음과 같은 용도에 사용할 수 있다.

1) 본인의 중국어 실력에 대한 이해와 향상을 위한 참고 기준을 제공한다.

2) 중국어 교육을 위한 참고 기준을 제공한다.

3) 중국어 교육 기관과 관련된 기구에서 교육성과를 평가하는 참고 기준을 제공한다.

5. 성적 발표

시험 종료 후 3주 내에 응시생은 〈국가한판〉에서 수여하는 뉴 YCT성적표를 취득할 수 있다.

YCT (1급) 소개

YCT(1급)은 응시생의 일상생활에서 사용되는 중국어 능력을 측정한다. YCT(1급)를 취득한 응시생은 사용 빈도 수가 가장 높은 중국어 단어와 문장을 이해 및 사용할 수 있으며, 한 걸음 더 나아간 중국어 능력을 구비할 수 있다.

1. 시험 대상

YCT(1급)은 주로 매 주 2~3 시수의 중국어를 3개월 간 학습하였고, 약 80개의 사용 빈도수가 가장 높은 어휘와 그와 관련된 문법적인 지식들을 갖춘 15세 이하의 중국어 학습자를 대상으로 한다.

2. 시험 내용

YCT(1급)은 총 35문항이며, 듣기와 읽기 두 부분으로 구성된다.

시험내용		문항 수		시험시간(분)
1. 듣기	제1부분	5	20	약 10
	제2부분	5		
	제3부분	5		
	제4부분	5		
2. 읽기	제1부분	5	15	15
	제2부분	5		
	제3부분	5		
답안지 작성				5
총계	/	35		약 30

시험 응시 시간은 총 35분이다. (이는 응시생의 개인 정보 작성하는 5분을 합산한 시간이다.)

1. 듣기

　제1부분(총 5문항, 문항 당 2회 반복): 문제 1개 당 1개의 단어를 들려주며, 응시생은 문제지 상의 1개의 이미지와 대조하여 옳고 그름을 판단한다.

　제2부분(총 5문항, 문항 당 2회 반복): 문제 1개 당 1개의 구를 들려주며, 응시생은 문제지 상의 3개의 이미지 중 일치하는 것을 선택한다.

　제3부분(총 5문항, 문항 당 2회 반복): 문제 1개 당 1개의 문장을 들려주며, 응시생은 문제지 상의 1개의 이미지와 대조하여 옳고 그름을 판단한다.

　제4부분(총 5문항, 문항 당 2회 반복): 문제 1개 당 1개의 대화를 들려주며, 응시생은 문제지 상의 3개의 이미지와 대조하여 맞는 것을 선택한다.

2. 읽기

　제1부분(총 5문항): 모든 문항은 각각 1개의 이미지와 어휘를 제시하며, 응시생은 일치 여부를 판단한다.

　제2부분(총 5문항): 모든 문항은 1개의 문장을 제시하며, 문제지 상의 나수의 이미지 중 일치하는 것을 선택한다.

　제3부분(총 5문항): 모는 문항은 1개의 이미지와 1개의 대화문을 제시하며, 문제지 상의 6개의 지문 중 일치하는 것을 선택한다.

　문제지 상의 모든 문제는 병음과 함께 표현한다.

3. 성적 발표

　YCT성적은 장기간 유효하다. YCT(1급) 성적표에는 듣기, 말하기와 총점 등 3부분으로 구성된다. 합격 기준은 총점 120점 이상을 획득해야 한다.

	만점	응시생 성적
듣기	100	
읽기	100	
총점	200	

新YCT（一级）词汇

뉴 YCT 1급 단어

爸爸	bàba	아빠

这是我的爸爸。 Zhè shì wǒ de bàba.

이분은 저의 아버지입니다.

哥哥	gēge	형오빠

他是我的哥哥。 Tā shì wǒ de gēge.

그는 저의 형입니다.

姐姐	jiějie	언니, 누나

姐姐是老师。 Jiějie shì lǎoshī.

누나(언니)는 선생님입니다.

老师	lǎoshī	선생님

他不是老师。 Tā bù shì lǎoshī.

그는 선생님이 아닙니다.

他	tā	그

他是谁? Tā shì shuí?

그는 누구입니까?

她	tā	그녀
她是我的姐姐。 Tā shì wǒ de jiějie. 그녀는 제 누나(언니)입니다.		
妈妈	māma	엄마
妈妈在哪儿？ Māma zài nǎr? 엄마는 어디에 계시니?		
我	wǒ	나
我爱妈妈。 Wǒ ài māma. 저는 엄마를 사랑해요.		
我们	wǒmen	우리
我们是朋友。 Wǒmen shì péngyou. 우리는 친구입니다.		
中国人	Zhōngguórén	중국인
我是中国人。 Wǒ shì Zhōngguórén. 나는 중국사람 입니다.		

谁	shuí	누구
那个人是谁?	Nàge rén shì shuí? 그는 누구입니까?	

个子	gèzi	키
姐姐的个子不高。	Jiějie de gèzi bù gāo. 누나(언니)는 키가 크지 않아요.	

鼻子	bízi	코
我的鼻子很高。	Wǒ de bízi hěn gāo. 나는 코가 아주 높습니다.	

耳朵	ěrduo	귀
这是我的耳朵。	Zhè shì wǒ de ěrduo. 이것은 나의 귀 입니다.	

手	shǒu	손
爸爸的手很大。	Bàba de shǒu hěn dà. 아버지는 손이 크시다.	

头发	tóufa	머리카락

妈妈的头发很长。 Māma de tóufa hěn cháng.

어머니는 머리카락이 아주 길어요.

眼睛	yǎnjing	눈

她的眼睛很大。 Tā de yǎnjing hěn dà.

그녀는 눈이 아주 커요.

口	kǒu	입

我家有四口人。 Wǒ jiā yǒu sì kǒu rén.

우리집 식구는 네 명입니다.

一	yī	하나, 1
我有一个哥哥。	Wǒ yǒu yī ge gēge.	
	나는 형(오빠)이 한 명 있습니다.	
二	èr	둘, 2
今天二月四号。	Jīntiān èr yuè sì hào.	
	오늘은 2월 4일입니다.	
三	sān	셋, 3
三月七号。	Sān yuè qī hào.	
	3월 7일	
四	sì	넷, 4
我四岁。	Wǒ sì suì.	
	나는 네 살입니다.	
五	wǔ	다섯, 5
五点十分	wǔ diǎn shí fēn	
	5시 10분	

六	liù	여섯, 6

六个苹果　liù ge píngguǒ

사과 여섯 개

七	qī	일곱, 7

今天七月五号。　Jīntiān qī yuè wǔ hào.

오늘은 7월 5일입니다.

八	bā	여덟, 8

他八岁。　Tā bā suì.

그는 여덟살입니다.

九	jiǔ	아홉, 9

九点去学校。　Jiǔ diǎn qù xuéxiào.

9시에 학교에 갑니다.

十	shí	열, 10

十个朋友　Shí ge péngyou

10 명의 친구

今天	jīntiān	오늘
今天星期一。	Jīntiān xīngqī yī. 오늘은 월요일입니다.	
明天	míngtiān	내일
明天星期几?	Míngtiān xīngqī jǐ? 내일은 무슨 요일입니까?	
几	jǐ	몇
你家有几口人?	Nǐ jiā yǒu jǐ kǒu rén? 당신 가족은 몇 명입니까?	
号	hào	일
你几号去?	Nǐ jǐ hào qù? 당신은 몇일에 갑니까?	
月	yuè	달
今天几月几号?	Jīntiān jǐ yuè jǐ hào? 오늘은 몇월 몇일입니까?	

星期	xīngqī	주
今天星期几？	Jīntiān xīngqī jǐ? 오늘은 무슨요일입니까?	
今天星期一。	Jīntiān xīngqī yī. 오늘은 월요일입니다.	
今天星期六。	Jīntiān xīngqī liù. 오늘은 토요일입니다.	
今天星期日。	Jīntiān xīngqī rì. 오늘은 일요일입니다.	
今天星期天。	Jīntiān xīngqī tiān. 오늘은 일요일입니다.	
现在	xiànzài	지금
现在几点？	Xiànzài jǐ diǎn? 지금 몇 시입니까?	

长	cháng	길다
她的腿很长。	Tā de tuǐ hěn cháng. 그녀는 다리가 매우 길어요.	
大	dà	크다
妈妈的眼睛很大。	Māma de yǎnjing hěn dà. 어머니는 눈이 아주 커요.	
小	xiǎo	작다
我的手很小。	Wǒ de shǒu hěn xiǎo. 나는 손이 작습니다.	
高	gāo	높다
弟弟的个子很高。	Dìdi de gèzi hěn gāo. 남동생은 키가 아주 커요.	
高兴	gāoxìng	기쁘다
老师很高兴。	Lǎoshī hěn gāoxìng. 선생님은 매우 기뻐하십니다.	

好	hǎo	좋다

我也很好。 Wǒ yě hěn hǎo.
나도 잘 지내.

多	duō	많은

这儿有很多人。 Zhèr yǒu hěn duō rén.
여기에는 사람이 아주 많습니다.

爱	ài	사랑하다

我爱你。 Wǒ ài nǐ.
나는 너를 사랑해.

吃	chī	먹다

我吃饭。 Wǒ chī fàn.
나는 밥을 먹습니다.

喝	hē	마시다

姐姐喝水。 Jiějie hē shuǐ.
언니(누나)는 물을 마십니다.

叫	jiào	부르다
你叫什么？	Nǐ jiào shénme?	
	이름이 뭐예요?	

去	qù	가다
我去商店。	Wǒ qù shāngdiàn.	
	나는 상점에 갑니다.	

看	kàn	보다
他在家看书。	Tā zài jiā kàn shū.	
	그는 집에서 책을 봅니다.	

认识	rènshi	알다
我不认识他。	Wǒ bù rènshi tā.	
	나는 그를 모릅니다.	

有	yǒu	있다
你有时间吗？	Nǐ yǒu shíjiān ma?	
	당신 시간 있습니까?	

喜欢	xǐhuan	좋아하다
我喜欢吃米饭。	Wǒ xǐhuan chī mǐfàn. 나는 쌀밥을 좋아해요.	
在	zài	있다
你在哪儿?	Nǐ zài nǎr? 어디에 계세요?	
是	shì	이다
这是我的哥哥。	Zhè shì wǒ de gēge. 이분은 나의 형입니다.	
点	diǎn	시
现在6点。	Xiànzài liù diǎn. 지금은 여섯시 입니다.	
个	gè	개
这儿有两个苹果。	Zhèr yǒu liǎng ge píngguǒ. 여기에 사과가 두 개 있습니다.	

口	kǒu	식구
我家有四口人。 Wǒ jiā yǒu sì kǒu rén. 우리집 식구는 네 명입니다.		
岁	suì	살, 세
你几岁？ Nǐ jǐ suì? 몇 살입니까?		
狗	gǒu	개
我喜欢小狗。 Wǒ xǐhuan xiǎogǒu. 나는 강아지를 좋아합니다.		
猫	māo	고양이
我喜欢小猫。 Wǒ xǐhuan xiǎomāo. 나는 고양이를 좋아합니다.		
鸟	niǎo	새
那儿有很多小鸟。 Nàr yǒu hěn duō xiǎoniǎo. 저기에는 새가 많이 있습니다.		

鱼	yú	물고기

猫爱吃鱼。 Māo ài chī yú.

고양이는 생선을 좋아합니다.

牛奶	niúnǎi	우유

我喜欢喝牛奶。 Wǒ xǐhuan hē niúnǎi.

나는 우유를 좋아합니다.

苹果	píngguǒ	사과

八个苹果 Bā ge píngguǒ

사과 8개

米饭	mǐfàn	쌀밥

我喜欢吃米饭。 Wǒ xǐhuan chī mǐfàn.

나는 밥을 좋아합니다.

面条	miàntiáo	국수

我不喜欢吃面条。 Wǒ bù xǐhuan chī miàntiáo.

나는 국수를 좋아하지 않습니다.

水	shuǐ	물
水和牛奶。 Shuǐ hé niúnǎi. 물과 우유		
什么	shénme	무엇
你喜欢吃什么? Nǐ xǐhuan chī shénme? (먹는 것) 무엇을 좋아하세요?		

这(这儿)	zhè (zhèr)	이(여기)

这是你的吗？ Zhè shì nǐ de ma?

이것은 당신의 것입니까?

我在这儿。 Wǒ zài zhèr.

저는 여기에 있어요.

学校	xuéxiào	학교

学校很大。 Xuéxiào hěn dà.

학교가 아주 큽니다.

哪(哪儿)	nǎ (nǎr)	어떤(어디)

你是哪国人？ Nǐ shì nǎguórén?

당신은 어느나라 사람입니까?

你去哪儿？ Nǐ qù nǎr?

당신 어디 가세요?

那（那儿）	nǎ (nǎr)	저(저기)
那是学校。 Nǎ shǐ xuéxiào. 저것은 학교입니다. 那儿有什么？ Nǎr yǒu shénme? 거기에 무엇이 있습니까?		
商店	shāngdiàn	상점
他不去商店。 Tā bù qù shāngdiàn. 그는 상점에 가지 않습니다.		
家	jiā	집
我在家吃饭。 Wǒ zài jiā chīfàn. 나는 집에서 밥을 먹습니다.		

和	hé	~와(과)

我家有小猫和小狗。 Wǒ jiā yǒu xiǎomāo hé xiǎogǒu.

우리집에 고양이와 강아지가 있습니다.

很	hěn	매우

弟弟很小。 Dìdi hěn xiǎo.

남동생은 아주 어려요.

不	bù	아니다

她不是我的妹妹。 Tā bù shì wǒ de mèimei.

그녀는 저의 여동생이 아닙니다.

的	de	~의

他是我的老师。 Tā shì wǒ de lǎoshī.

그분은 우리 선생님입니다.

吗	ma	~입니까?

他在家吗？ Tā zài jiā ma?

그가 집에 있습니까?

在	zài	~에 있다

你在学校吃什么？ Nǐ zài xuéxiào chī shénme?

너는 학교에서 무엇을 먹니?

谢谢	xièxie	고맙다

谢谢你。 Xièxie nǐ.

감사합니다.

再见	Zàijiàn	안녕히 가십시오

再见！ Zàijiàn!

(헤어질 때)안녕! 다시만나!

新中小学生汉语考试

YCT(一级)样卷 第一套

注 意

一、YCT(一级)分两部分:

　　1.听力(20题, 约10分钟)

　　2.阅读(15题, 15分钟)

二、答案先写在试卷上, 最后5分钟在写在答题
　　卡上。

三、全部考试约35分钟(含考生填写个人信息时
　　间5分钟)。

1、听力

第一部分

第1～5题

例如：		✔
		✕

1		
2		
3		

4		
5		

第二部分

例如：	 A ✔	 B	 C

6	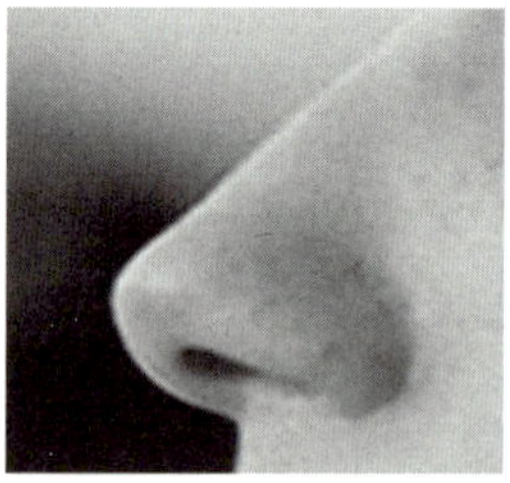 A	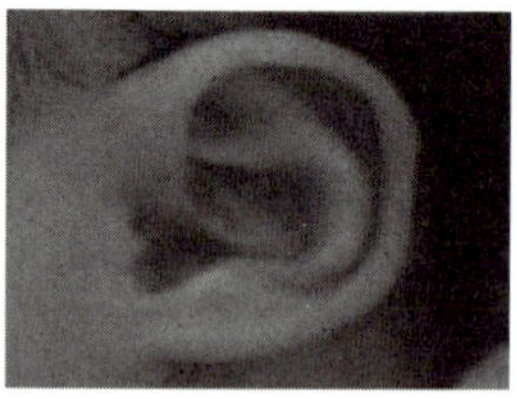 B	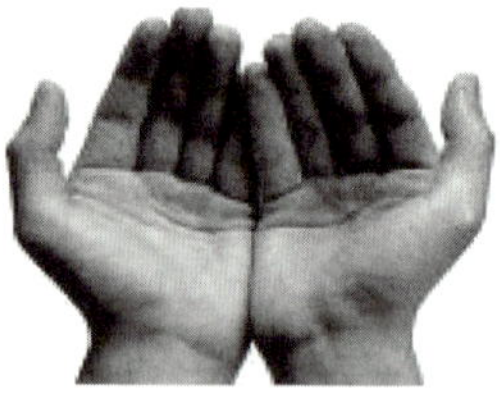 C
7	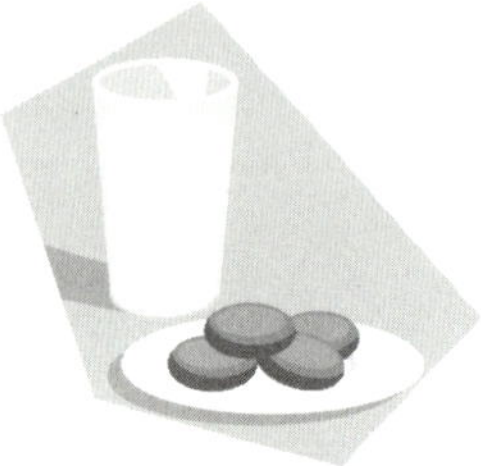 A	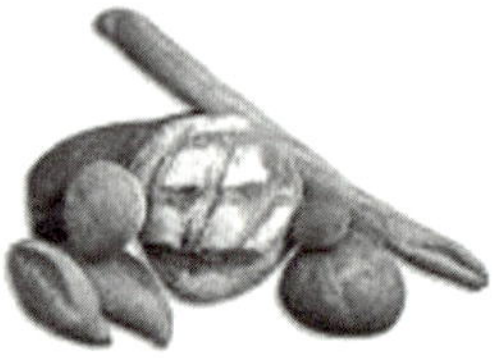 B	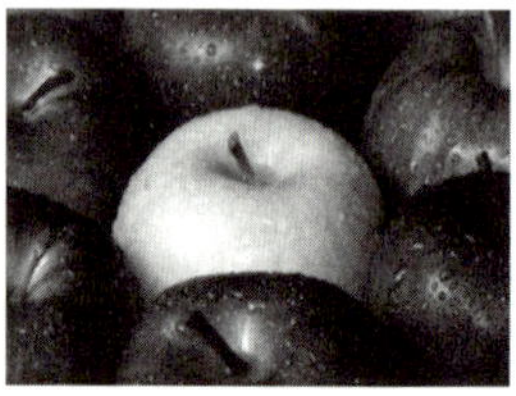 C
8	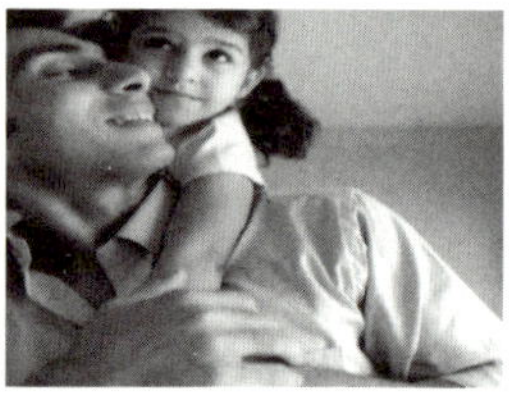 A	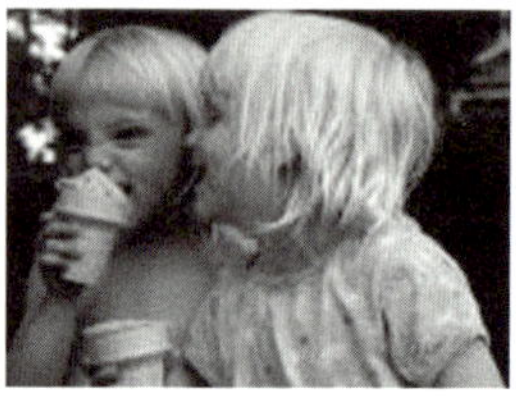 B	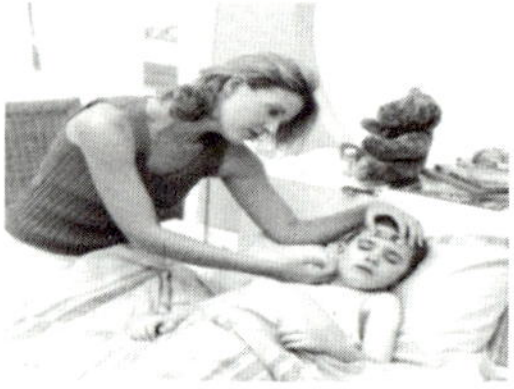 C

第三部分

例如：		✔
		✕

11		
12		
13		

14		
15		

第
一
套

第四部分

第16~20题

例如：	7月7日	3月2日	8月6日
	A ✔	B	C

19	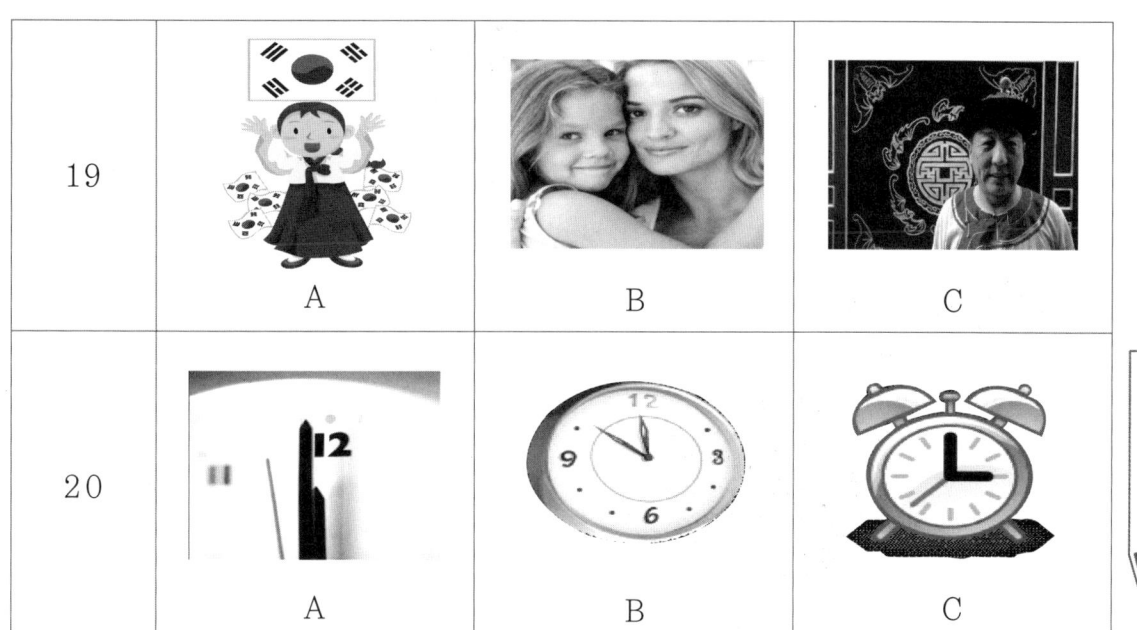 A	B	C
20	A	B	C

2、阅读

第一部分

第21～25题

例如：		miàntiáo 面条	✔
		niǎo 鸟	✕

21		jiǎo 脚	
22		dǎ zhāohu 打　招呼	
23		chī 吃	

| 24 | | gāoxìng
高兴 | |
| 25 | | péngyoumen
朋友们 | |

第一套

第二部分

第26～30题

A

B

C

D

E

F

例如：
Māo hé gǒu
猫 和 狗。 | D |

26.
Nǎr yǒu hěn duō péngyou
那儿 有 很 多 朋友。 | |

27.
Wǒ de shǒu xiǎo.
我 的 手 小。 | |

28.
Wǒ hé jiějie.
我 和 姐姐。 | |

29.
Jīntiān qī hào.
今天 七 号。 | |

30.
Gēge hē niúnǎi.
哥哥 喝 牛奶。 | |

第三部分

第31~35题

píngguǒ	sān	xǐhuan	shū	jǐ	lǎoshī
A 苹果	**B** 三	**C** 喜欢	**D** 书	**E** 几	**F** 老师

例如：**A**：Nǐ yǒu jǐ ge péngyou?
你 有 几 个 朋友?
B：Wǒ yǒu (B) ge péngyou
我 有（B）个 朋友。

31. **A**：Nǐmen chī shénme?
你们 吃 什么?
B：Wǒmen chī
我们 吃（　　）。

32. **A**：Tā zài kàn shénme?
她 在 看 什么?
B：Tā zài kàn
她 在 看（　　）。

33. **A**：Nǐ xǐhuan māo ma?
你 喜欢 猫 吗?
B：Wǒ bù māo.
我 不（　　）猫。

34. **A**：Tā shì nǐ de bàba ma?
她 是 你 的 爸爸 吗?
B：Bù tā shì wǒ de
不, 她 是 我 的（　　）。

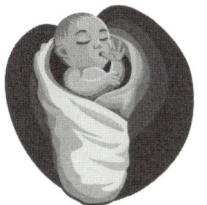

35. **A**：Nǐ dìdi suì.
你 弟弟（　　）岁?
B：Wǒ dìdi yī suì
我 弟弟 一 岁。

YCT(1级)样卷听力教材

Dàjiā hǎo! Huānyíng cānjiā yī jí kǎoshì.
大家 好! 欢迎 参加 YCT(一级)考试。

Dàjiā hǎo! Huānyíng cānjiā yī jí kǎoshì.
大家 好! 欢迎 参加 YCT(一级)考试。

Dàjiā hǎo! Huānyíng cānjiā yī jí kǎoshì.
大家 好! 欢迎 参加 YCT(一级)考试。

yī jí tīnglì kǎoshì fēn sì bùfen gòng tí.
YCT(一级) 听力 考试 分 四 部分, 共 20 题。
Qǐng dàjiā zhùyì, tīnglì kǎoshì xiànzài kāishǐ.
请 大家 注意, 听力 考试 现在 开始。

Yī gòng ge tí, měi tí tīng liǎng cì.
一共 5 个 题，每 题 听 两 次。

Lì rú： kǒu
例如：口

ěrduo
耳朵

Xiànzài kāishǐ dì tí：
现在 开始 第1题：

lǎoshī
1. 老师

měimei
2. 妹妹

Zhōngguórén
3. 中国人

māma
4. 妈妈

gēge
5. 哥哥

第
一
套

第二部分

Yī gòng ge tí, měi tí tīng liǎng cì.
一共 5 个 题,每 题 听 两 次。

Lì rú: Zhōngguórén
例如:中国人

Xiànzài kāishǐ dì tí:
现在 开始 第6题:

Bízi gāo.
6. 鼻子 高。

Píngguǒ duō.
7. 苹果 多。

Wǒ bàba.
8. 我 爸爸。

Tā zài kàn shū.
9. 她 在 看 书。

Ěrduo chāng.
10. 耳朵 长。

Yī gòng ge tí, měi tí tīng liǎng cì.
一共 5 个 题, 每 题 听 两 次。

Lì rú: Wǒ de yǎnjing dà.
例如: 我 的 眼睛 大。

Xiànzài sì diǎn.
现在 四 点。

Xiànzài kāishǐ dì tí:
现在 开始 第11题:

Dìdi hěn gāoxìng.
11. 弟弟 很 高兴。

Wǒ xǐhuan xiǎomāo.
12. 我 喜欢 小猫。

Tā zài chī fàn.
13. 他 在 吃 饭。

Hěn duō niǎo.
14. 很 多 鸟。

Wǒ jiā yǒu sān kǒu rén.
15. 我 家 有 三 口 人。

第一套

Yī gòng ge tí, měi tí tīng liǎng cì.
一共 5 个 题,每 题 听 两 次。

Lì rú：
例如：A：Míngtiān shì qī yuè qī hào ma?
明天 是 七 月 七 号 吗?

B：Míngtiān shì qī yuè qī hào.
明天 是 七 月 七 号。

Xiànzài kāishǐ dì tí:
现在 开始 第16题:

16. A：Gēge zài chī shénme?
哥哥 在 吃 什么?

B：Gēge zài chī miànbāo.
哥哥 在 吃 面包。

17. A：Shuí de tóufa cháng?
谁 的 头发 长?

B：Māma de tóufa cháng.
妈妈 的 头发 长。

18. A：Nǐ qù nǎr?
你 去 哪儿?

B：Wǒ qù xuéxiào.
我 去 学校。

19. A：Nǐ shì nǎguórén?
你 是 哪国人?

B：Wǒ shì zhōngguórén.
我 是 中国人。

20. A：Tā jīntiān jǐ diǎn lái?
他 今天 几 点 来?

B：Tā jīntiān shíyī diǎn wǔshíyī lái.
他 今天 十一 点 五十一 来。

Tīnglì kǎoshì xiànzài jiéshù.
听力 考试 现在 结束。

YCT(一级)样卷答案

1、听力

1. ✔   2. ✘   3. ✔   4. ✔   5. ✘

第二部分
6. A   7. C   8. A   9. B   10. C

第三部分
11. ✘   12. ✔   13. ✔   14. ✘   15. ✔

第四部分
16. B   17. A   18. A   19. C   20. B

2、阅读

第一部分
21. ✔   22. ✔   23. ✘   24. ✘   25. ✔

第二部分
26. A   27. F   28. B   29. E   30. C

第三部分
31. A   32. D   33. C   34. F   35. E

第一套

新中小学生汉语考试

YCT(一级)样卷 第二套

注 意

一、YCT(一级)分两部分：

　　1. 听力(20题，约10分钟)

　　2. 阅读(15题，15分钟)

二、答案先写在试卷上，最后5分钟在写在答题
　　卡上。

三、全部考试约35分钟(含考生填写个人信息时
　　间5分钟)。

1、听力

第一部分

第1～5题

例如：		✔
		✕

1		
2		
3		

4		
5		

第二套

第二部分

第6～10题

例如：	 A ✔	 B	 C

6	A	B	C

7	A	B	C

8	A	B	C

9	 A	 B	 C
10	 A	 B	 C

第三部分

第11~15题

例如：	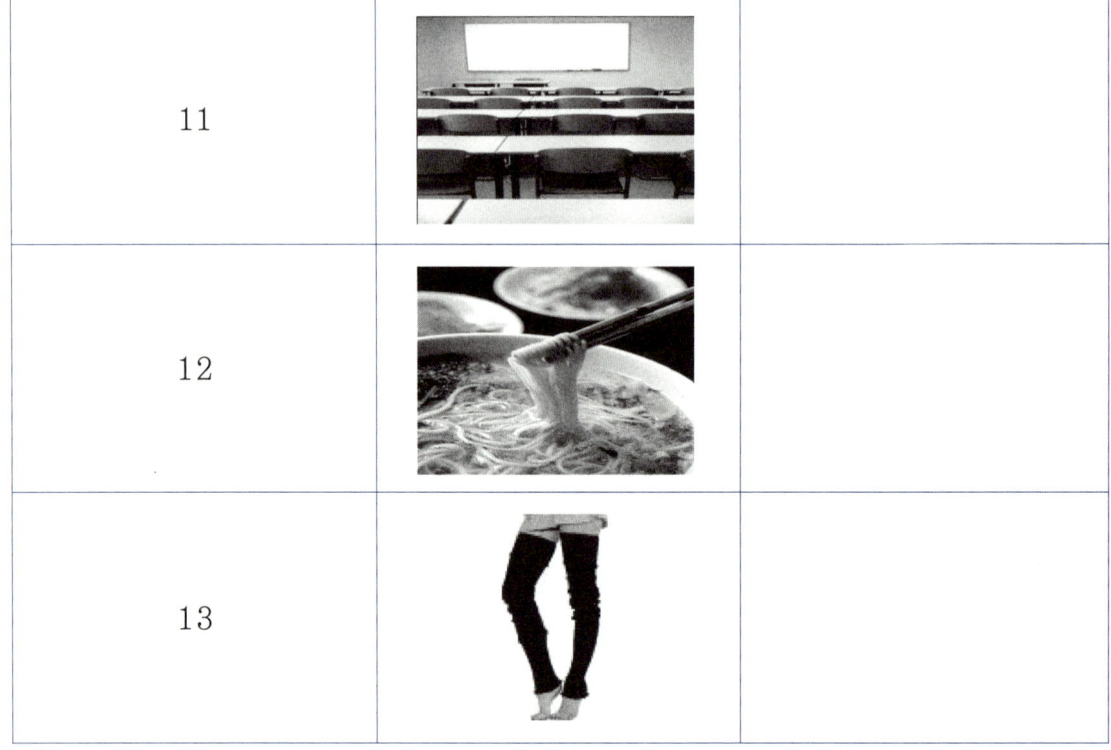	✔
		✗

11		
12		
13		

14		
15	July, 2003 Sun Mon Tue Wed Thu Fri Sat 29 30 1 2 3 4 5 6 7 8 9 10 11 12 13 14 15 16 17 18 19 20 21 22 23 24 25 26 27 28 29 30 31 Soft.Yesky.com Today: 7/19/2003	

第二套

第四部分

第16~20题

例如：	7月7日	3月2日	8月6日
	A ✔	B	C

16	A	B	C
17	A	B	C
18	A	B	C

19	 A	 B	 C
20	 A	 B	 C

第二套

2、阅读

第21~25题

例如：		gǒu 狗	✔
		mǐfàn 米饭	✕

21		gēge 哥哥	
22		nǐ hǎo. 你 好	
23		bù gāoxìng 不 高兴	

24		sān ge píngguǒ 三　个　苹果	
25		kàn shū 看　书	

第二套

第二部分

第26~30题

A

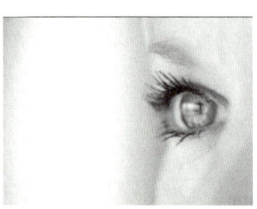

B

C

D

E

F

Wǒ de bízi cháng.
例如：我 的 鼻子 长。 | E |

Māo xǐhuan chī yú.
26. 猫 喜欢 吃 鱼。 | |

Tāmen zài kàn shénme?
27. 他们 在 看 什么？ | |

Dìdi hěn xiǎo.
28. 弟弟 很 小。 | |

Wǒ hé bàba.
29. 我 和 爸爸。 | |

Māma de yǎnjing hěn dà.
30. 妈妈 的 眼睛 很 大。 | |

第三部分

第31～35题

shāngdiàn	ge	dìdi	sān	shì	niúnǎi
A 商店	B 个	C 弟弟	D 三	E 是	F 牛奶

例如：A：Zhèr yǒu jǐ ge rén?
这儿 有 几 个 人？
B：Zhèr yǒu ge rén.
这儿 有 (D) 个人。

31. A：Tāmen shì shuí?
他们 是 谁？
B：Tāmen shì wǒ( ).
他们 是 我( )。

32. A：Nǐ nǎguórén?
你( )哪国人？
B：Wǒ shì Hánguórén.
我 是 韩国人。

33. A：Nǐ qù nǎr?
你 去 哪儿？
B：Wǒ qù ( ).
我 去( )。

34. A：Tā zài hē shénme?
她 在 喝 什么？
B：Tā zài hē( ).
她 在 喝( )。

35. A：Zhèr yǒu jǐ ( ) píngguǒ?
这儿 有 几( )苹果？
B：Zhèr yǒu liǎng ge píngguǒ.
这儿 有 两 个 苹果。

第二套

YCT(1级)样卷听力教材

（音乐，30秒，减弱） YCT（一级）考试。
yī jí kǎoshì.

Dàjiā hǎo！ Huānyíng cānjiā yī jí kǎoshì.
大家 好！ 欢迎 参加 YCT（一级）考试。

Dàjiā hǎo！ Huānyíng cānjiā yī jí kǎoshì.
大家 好！ 欢迎 参加 YCT（一级）考试。

yī jí tīnglì kǎoshì fēn sì bùfen gòng tí.
YCT（一级） 听力 考试 分 四 部分，共 20 题。

Qǐng dàjiā zhùyì， tīnglì kǎoshì xiànzài kāishǐ.
请 大家 注意， 听力 考试 现在 开始。

Yī gòng gè tí, měi tí tīng liǎng cì.
一共 5 个 题, 每 题 听 两 次。

Lì rú: kǒu
例如：口

ěrduo
耳朵

Xiànzài kāishǐ dì tí:
现在 开始 第1题：

xuéxiào
1. 学校

māo
2. 猫

shuǐ
3. 水

niǎo
4. 鸟

mǐfàn
5. 米饭

第二套

Yī gòng ge tí, měi tí tīng liǎng cì.
一共 5 个 题，每 题 听 两 次。

Lì rú： Zhōngguórén
例如：中国人

Xiànzài kāishǐ dì tí：
现在 开始 第6题：

Jiějie zài hē shuǐ.
6. 姐姐 在 喝 水。

Hěn duō shū.
7. 很 多 书。

Tāmen hěn gāoxìng.
8. 她们 很 高兴。

Wǒ de dìdi.
9. 我 的 弟弟。

Māma hé wǒ.
10. 妈妈 和 我。

Dì sān bù fēn

第三部分

Yī gòng　　ge tí, měi tí tīng liǎng cì.
一共　5　个　题,每　题　听　两　次。

Lì rú：　Wǒ de yǎnjing dà.
例如：我　的　眼睛　大。

　　　Xiànzài sì diǎn.
　　　现在　四　点。

Xiànzài kāishǐ dì　tí：
现在　开始　第11题：

Wǒ zài jiā.
11. 我　在　家。

Mèimei xǐhuan chī miàntiáo.
12. 妹妹　喜欢　吃　面条。

Jiějie　de tuǐ hěn cháng.
13. 姐姐　的　腿　很　长。

Zhè shì māo.
14. 这　是　猫。

Wǒ xǐhuan xīngqī tiān.
15. 我　喜欢　星期　天。

第二套

Yī gòng ge tí, měi tí tīng liǎng cì.
一共 5 个 题,每 题 听 两 次。

Lì rú : A : Míngtiān shì qī yuè qī hào ma?
例如：A：明天 是 七月 七号 吗？

Míngtiān shì qī yuè qī hào.
B：明天 是 七月 七号。

Xiànzài kāishǐ dì tí :
现在 开始 第16题：

16. A：认识 你 很 高兴。
Rènshi nǐ hěn gāoxìng.

Wǒ yě hěn gāoxìng.
B：我 也 很 高兴。

17. A：明天 几 号？
Míngtiān jǐ hào?

Míngtiān èrshísān hào.
B：明天 二十三 号。

18. A：你 喜欢 吃 什么？
Nǐ xǐhuan chī shénme?

Wǒ xǐhuan chī yú.
B：我 喜欢 吃 鱼。

19. A：现在 几 点？
Xiànzài jǐ diǎn?

Xiànzài shíèr diǎn.
B：现在 十二 点。

20. A：他 是 谁？
Tā shì shuí?

Tā shì wǒ de lǎoshī.
B：他 是 我 的 老师。

Tīnglì kǎoshì xiànzài jiéshù.
听力 考试 现在 结束。

YCT(一级)样卷答案

1、听力

第一部分
1. ✗ 2. ✔ 3. ✔ 4. ✗ 5. ✔

第二部分
6. C 7. B 8. B 9. A 10. C

第三部分
11. ✗ 12. ✔ 13. ✔ 14. ✗ 15. ✗

第四部分
16. C 17. B 18. B 19. A 20. A

2、阅读

第一部分
21. ✔ 22. ✗ 23. ✗ 24. ✗ 25. ✔

第二部分
26. C 27. F 28. B 29. D 30. A

第三部分
31. C 32. E 33. A 34. F 35. B

第二套

新中小学生汉语考试

YCT(一级)样卷 第三套

注 意

一、YCT(一级)分两部分：

    1.听力(20题，约10分钟)

    2. 阅读(15题，15分钟)

二、答案先写在试卷上，最后5分钟在写在答题
    卡上。

三、全部考试约35分钟(含考生填写个人信息时
    间5分钟)。

1、听力

第1~5题

例如:		✔
		✕

1		
2		
3		

4		
5		

第三套

第二部分

例如：	A ✔	B	C
6	A	B	C
7	A	B	C
8	A	B	C

9			
	A	B	C
10	A	B	C

第三套

第三部分

第11~15题

例如：		✔
		✗

11		
12		
13		

14		
15		

第三套

第四部分

例如：	**7月7日** A ✔	**3月2日** B	**8月6日** C

16	 A	 B	 C
17	 A	 B	 C
18	 A	 B	 C

19	A	B	C
20	A	B	C

2、阅读

第一部分

第21~25题

例如：		gǒu 狗	✗
		mǐfàn 米饭	✔

21		shǒu 手	
22		yǎnjing 眼睛	
23		bízi　cháng 鼻子　长	

24		qī diǎn shí wǔ 七 点 十 五	
25		liǎng ge píngguǒ 两 个 苹果	

第三套

第二部分

第26~30题

A

B

C

D

E

F

Wǒ de bízi cháng.
例如：我 的 鼻子 长。 E

Nǎr yǒu hěn duō rén.
26. 那儿 有 很 多人。

Mèimei zài chī shénme?
27. 妹妹 在 吃 什么？

Dìdi bù gāoxìng.
28. 弟弟 不 高兴。

māo hé gǒu
29. 猫 和 狗

Tā shì wǒ de mèimei.
30. 她 是 我 的 妹妹。

第三部分

第31~35题

shāngdiàn	hé	dìdi	sān	shì	niúnǎi
A 不	B 和	C 什么	D 三	E 的	F 几

例如：

Zhèr yǒu jǐ ge rén?
A：这儿 有 几 个 人?
Zhèr yǒu ge rén.
B：这儿 有 (D) 个 人。

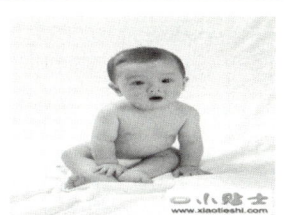
Nǐ dìdi ( ) suì?
31. A：你 弟弟( )岁?
Wǒ dìdi yī suì.
B：我 弟弟 一 岁。

Nà shì( )?
32. A：那 是 ( )?
Nà shì niúnǎi.
B：那 是 牛奶。

Nǐ xǐhuan shénme?
33. A：你 喜欢 什么?
Wǒ xǐhuan niúnǎi ( ) miànbāo.
B：我 喜欢 牛奶( )面包。

Tā shì shuí?
34. A：她 是 谁?
Tā shì wǒ ( ) lǎoshī.
B：她 是 我( )老师。

Zhè shì nǐ de shū ma?
35. A：这 是 你 的 书 吗?
Zhè ( ) shì wǒ de shū.
B：这( )是 我 的 书。

第三套

YCT(1级)样卷听力教材

YCT(一级)考试。

大家 好！ 欢迎 参加 YCT(一级)考试。

大家 好！ 欢迎 参加 YCT(一级)考试。

YCT(一级) 听力 考试 分 四 部分，共 20 题。

请 大家 注意， 听力 考试 现在 开始。

Yī gòng   ge tí, měi   tí   tīng   liǎng   cì.
一共　5　个　题，每　题　听　两　次。

Lì rú：　kǒu
例如：口

ěrduo
耳朵

Xiànzài   kāishǐ   dì   tí：
现在　开始　第1题：

píngguǒ
1. 苹果

miànbāo
2. 面包

Zhōngguórén
3. 中国人

māo
4. 猫

yú
5. 鱼

第三套

Yī gòng   ge   tí, měi   tí   tīng   liǎng   cì.
一共 5 个 题, 每 题 听 两 次。

Lì rú： Zhōngguórén
例如：中国人

Xiànzài   kāishǐ   dì   tí：
现在 开始 第6题：

Sān kǒu rén
6. 三 口 人

Jiějie   hé gǒu.
7. 姐姐 和 狗。

Wǒ xǐhuan miànbāo.
8. 我 喜欢 面包。

Hěn duō yú
9. 很 多 鱼

Māma zài jiā.
10. 妈妈 在 家。

Yī gòng   ge   tí, měi   tí   tīng liǎng cì.
一共 5 个 题, 每 题 听 两 次。

Lì rú :   Wǒ   de   yǎnjing dà.
例如：我 的 眼睛 大。

Xiànzài   sì   diǎn.
现在 四 点。

Xiànzài kāishǐ dì   tí :
现在 开始 第11题：

Liǎng zhī gǒu.
11. 两 只 狗。

Dìdi   bù xǐhuan niǎo.
12. 弟弟 不 喜欢 鸟。

Wǒ ài nǐ
13. 我 爱 你。

Wǒmen bù rènshi.
14. 我们 不 认识。

Māma zài hē shuǐ.
15. 妈妈 在 喝 水。

第三套

第四部分

Yī gòng ge tí, měi tí tīng liǎng cì.
一共 5 个 题，每 题 听 两 次。

Lì rú： A：Míngtiān shì qī yuè qī hào ma?
例如：A：明天 是 七 月 七 号 吗?

Míngtiān shì qī yuè qī hào.
B：明天 是 七 月 七 号。

Xiànzài kāishǐ dì tí：
现在 开始 第16题：

Nǐ zài nǎr?
16. A：你 在 哪儿?
Wǒ zài xuéxiào
B：我 在 学校。

Dìdi xǐhuan hē shénme?
17. A：弟弟 喜欢 喝 什么?
Dìdi xǐhuan hē niúnǎi.
B：弟弟 喜欢 喝 牛奶。

Nǐ jiā yǒu jǐ kǒu rén?
18. A：你 家 有 几 口 人?
wǒ jiā yǒu sì kǒu rén.
B：我 家 有 四 口 人。

iějie xǐhuan māo ma?
19. A：姐姐 喜欢 猫 吗?
Bù, jiějie xǐhuan gǒu.
B：不, 姐姐 喜欢 狗。

Tā shì nǎguórén?
20. A：她 是 哪国人?
Tā shì Hánguórén.
B：她 是 韩国人。
Tīnglì kǎoshì xiànzài jiéshù.
听力 考试 现在 结束。

YCT(一级)样卷答案

1、听力

第一部分
1. ✔	2. ✗	3. ✗	4. ✔	5. ✔

第二部分
6. B	7. A	8. B	9. A	10. C

第三部分
11. ✗	12. ✔	13. ✔	14. ✗	15. ✔

第四部分
16. A	17. B	18. B	19. C	20. C

2、阅读

第一部分
21. ✔	22. ✗	23. ✔	24. ✔	25. ✗

第二部分
26. F	27. C	28. B	29. D	30. A

第三部分
31. F	32. C	33. B	34. E	35. A

第三套

부 록

모의고사 1 해석

1. 듣기

YCT(1급) 모의고사 1회 듣기 지문

(음악, 30초, 점점 소리가 작아진다.)

여러분, 안녕하세요! YCT(1급)에 응시한 것을 환영합니다.

여러분, 안녕하세요! YCT(1급)에 응시한 것을 환영합니다.

여러분, 안녕하세요! YCT(1급)에 응시한 것을 환영합니다.

YCT(1급)의 듣기시험은 4부분 총 20문제로 구성되어 있습니다.

여러분 주의 하십시오. 듣기 시험이 시작됩니다.

제1부분

총 5문항, 1문항 당 2회씩 들려드립니다.

> 예 : 입, 귀

1번 문제를 들려드리겠습니다.

1. 선생님
2. 여동생
3. 중국인
4. 엄마
5. 형(오빠)

제2부분

모두 5문제이며, 1문항 당 2회씩 돌려드립니다.

예 : 중국인

지금부터 6번 문제를 들려드리겠습니다.

6. 코가 높다.
7. 사과가 많다.
8. 나의 아빠
9. 그녀는 책을 보고 있습니다.
10. 귀가 길다.

제3부분

모두 5문제이며, 1문항 당 2회씩 돌려드립니다.

예 : 나의 눈은 크다 지금은 네 시입니다.

지금부터 11번 문제를 들려드리겠습니다.

11. 동생은 아주 기쁩니다.
12. 나는 고양이를 좋아합니다.
13. 그는 밥을 먹고 있습니다.
14. 새가 아주 많다.
15. 우리집 식구는 세 명입니다.

附

录

제4부분

모두 5문제이며, 1문항 당 2회씩 돌려드립니다.

> 예 : A : 내일은 7월 7일 입니까?
>
> B : 내일은 7월 7일 입니다.

지금부터 16번 문제를 들려드리겠습니다.

16. A : 형(오빠)은 무엇을 먹고 있습니까?

B : 형(오빠)은 빵을 먹고 있습니다.

17. A : 누구의 머리카락이 깁니까?

B : 엄마의 머리카락이 깁니다.

18. A : 너는 어디 가니?

B : 나는 학교에 갑니다.

19. A : 너는 어느 나라 사람이니?

B : 나는 중국인입니다.

20. A : 그는 오늘 몇 시에 오니?

B : 그는 오늘 11시 51분에 옵니다.

2. 독해

YCT(1급) 모의고사 1회 독해 해석

제1부분

21~25번

예 : 국수, 새

21. 발
22. 인사하다.
23. 먹다.
24. 즐겁다.
25. 친구들

제2부분

26~30번

예 : 고양이와 개

26. 친구들이 많이 있다.
27. 내 손은 작다.
28. 나와 누나(언니)
29. 오늘은 7일이다.
30. 형(오빠)은 우유를 마신다.

A. 사과   B. 셋(3)   C. 좋아하다   D. 책   E . 몇   F. 선생님
예 : A : 너는 친구가 몇 명이니?
　　　 B : 나는 친구가 (B) 몇 있어.

31. A : 너희들은 무엇을 먹니?
　　 B : 우리는 (　　　)을 보고 있습니다.

32. A : 그녀는 무엇을 보고 있습니다까?
　　 B : 그녀는 (　　　)을 보고 있습니다.

33. A : 너는 고양이를 좋아하니?
　　 B : 나는 고양이를 (　　　) 않아.

34. A : 그녀는 당신의 아버지입니까?
　　 B : 아닙니다. 그녀는 저의 (　　　) 입니다.

35. A : 너희 동생은 (　　　) 살이니?
　　 B : 내동생은 한 살입니다.

모의고사 2 해석

1. 듣기

YCT(1급) 모의고사 2회 듣기 지문

(음악, 30초, 점점 소리가 작아진다.)
여러분, 안녕하세요! YCT(1급)에 응시한 것을 환영합니다.
여러분, 안녕하세요! YCT(1급)에 응시한 것을 환영합니다.
여러분, 안녕하세요! YCT(1급)에 응시한 것을 환영합니다.

YCT(1급)의 듣기시험은 4부분 총 20문제로 구성되어 있습니다.
여러분 주의 하십시오. 듣기 시험이 시작됩니다.

제1부분

총 5문항, 1문항 당 2회씩 들려드립니다.

예 : 입, 귀

1번 문제를 들려드리겠습니다.

1. 학교
2. 고양이
3. 물
4. 새
5. 쌀밥

附
录

제2부분

모두 5문제이며, 1문항 당 2회씩 돌려드립니다.

> 예 : 중국인

지금부터 6번 문제를 들려드리겠습니다.

6. 언니(누나)는 물을 마시고 있습니다.
7. 책이 아주 많습니다.
8. 그들은 아주 기쁩니다.
9. 나의 동생
10. 엄마와 나

제3부분

모두 5문제이며, 1문항 당 2회씩 돌려드립니다.

> 예 : 나의 눈은 크다 지금은 네 시입니다.

지금부터 11번 문제를 들려드리겠습니다.

11. 나는 집에 있습니다.
12. 여동생은 국수을 좋아합니다.
13. 언니(누나)의 다리는 매우 길어요.
14. 이것은 고양이 입니다.
15. 나는 일요일이 좋습니다.

제4부분

모두 5문제이며, 1문항 당 2회씩 돌려드립니다.

> 예 : A : 내일은 7월 7일 입니까?
>   B : 내일은 7월 7일 입니다.

지금부터 16번 문제를 들려드리겠습니다.

16. A : 알게 되어 아주 기쁩니다.
    B : 저도 아주 기쁩니다.

17. A : 내일은 몇 일입니까?
    B : 내일은 23일 입니다.

18. A : 너는 무엇을 (먹기) 좋아하니?
    B : 나는 생선을 좋아해.

19. A : 지금은 몇 시입니까?
    B : 지금은 12시입니다..

20. A : 그는 누구입니까?
    B : 그는 저의 선생님입니다.

附

录

2. 독해

YCT(1급) 모의고사 2회 독해 해석

제1부분

21~25번

예 : 개, 쌀밥

21. 형(오빠)
22. 안녕
23. 즐겁지 않아.
24. 사과 3개
25. 책을 보다.

제2부분

26~30번

예 : 나의 코는 길다.

26. 고양이는 생선을 좋아한다.
27. 그들은 무엇을 보고 있습니까?
28. 동생은 아주 어립니다.
29. 나와 아빠
30. 엄마의 눈은 아주 크다.

제3부분

A. 상점   B. 강아지   C. 남동생   D. 삼   E . ~이다.   F. 우유
예 : A : 여기에 몇 명이 있습니까?
    B : 여기는 (D) 명이 있습니다.

31. A : 그들은 누구입니까?
    B : 그들은 나의 (   )입니다.

32. A : 너는 어느나라 (   )?
    B : 나는 한국인 입니다.

33. A : 너는 어디에 가니?
    B : 나는 (   )에 갑니다.

34. A : 그녀는 무엇을 마시고 있습니까?
    B : 그녀는 (   )을 마시고 있습니다.

35. A : 여기에 몇 (   )의 사과가 있습니까?
    B : 여기에는 사과가 두 개 있습니다.

附

录

모의고사 3 해석

1. 듣기

YCT(1급) 모의고사 3회 듣기 지문

(음악, 30초, 점점 소리가 작아진다.)
여러분, 안녕하세요! YCT(1급)에 응시한 것을 환영합니다.
여러분, 안녕하세요! YCT(1급)에 응시한 것을 환영합니다.
여러분, 안녕하세요! YCT(1급)에 응시한 것을 환영합니다.

YCT(1급)의 듣기시험은 4부분 총 20문제로 구성되어 있습니다.
여러분 주의 하십시오. 듣기 시험이 시작됩니다.

제1부분

총 5문항, 1문항 당 2회씩 들려드립니다.

예 : 입, 귀

1번 문제를 들려드리겠습니다.

1. 사과
2. 빵
3. 중국인
4. 고양이
5. 물고기

제2부분

모두 5문제이며, 1문항 당 2회씩 돌려드립니다.

예 : 중국인

지금부터 6번 문제를 들려드리겠습니다.

6. 세 식구
7. 누나(언니)와 강아지
8. 나는 빵을 좋아합니다.
9. 아주 많은 물고기
10. 엄마는 집에 있습니다.

제3부분

모두 5문제이며, 1문항 당 2회씩 돌려드립니다.

예 : 나의 눈은 크다 지금은 네 시입니다.

지금부터 11번 문제를 들려드리겠습니다.

11. 두 마리 개
12. 동생은 새를 좋아하지 않습니다.
13. 당신을 사랑합니다.
14. 우리는 (서로) 모릅니다.
15. 엄마는 물을 마시고 있습니다.

附
录

제4부분

모두 5문제이며, 1문항 당 2회씩 돌려드립니다.

예 : A : 내일은 7월 7일 입니까?
　　 B : 내일은 7월 7일 입니다.

지금부터 16번 문제를 들려드리겠습니다.

16.　A : 너는 어디에 있니?
　　　B : 나는 학교에 있어.

17.　A : 동생은 무엇을 (마시기) 좋아합니까?
　　　B : 동생은 우유 마시는 것을 좋아합니다.

18.　A : 식구가 몇 명 입니까?
　　　B : 저희 집 식구는 네 명입니다.

19.　A : 언니(누나)는 고양이를 좋아합니까?
　　　B : 아니요. 언니(누나)는 개를 좋아합니다.

20.　A : 그녀는 어느 나라 사람입니까?
　　　B : 그녀는 한국사람 입니다.

듣기 시험이 종료되었습니다.

2. 독해

YCT(1급) 모의고사 3회 독해 해석

제1부분

21~25번

예 : 강아지, 쌀밥

21. 손
22. 눈
23. 고기 길다.
24. 7시 15분
25. 사과 2개

제2부분

26~30번

예 : 나의 코는 길다.

26. 저기에는 사람이 아주 많습니다.
27. 여동생은 무엇을 먹고 있습니까?
28. 남동생은 기분이 좋지 않습니다.
29. 고양이와 개
30. 그녀는 나의 여동생입니다.

附录

제3부분

31~35번

A. 아니다　　B. 그리고　　C. 무엇　　D. 3　　E. ~의　　F. 몇
예 : A : 여기에 몇 명이 있습니까?
　　　B : 여기는 (D) 명이 있습니다.

31. A : 너의 동생은 (　　) 살이니?
　　B : 나의 동생은 한 살입니다.

32. A : 저것은 (　　) 입니까?
　　B : 저것은 우유입니다.

33. A : 너는 무엇을 좋아하니?
　　B : 나는 우유 (　　) 빵을 좋아해.

34. A : 그녀는 누구입니까?
　　B : 그녀는 나 (　　) 선생님입니다.

35. A : 이것은 당신의 책입니까?
　　B : 이것은 나의 책이 (　　).